AF338314

A QUAND

LA GUERRE

PARIS

EN VENTE CHEZ PLATAUT ET ROY,

15, RUE DU CROISSANT, 15

1868

A QUAND

LA GUERRE

PARIS

EN VENTE CHEZ PLATAUT ET ROY,

15, RUE DU CROISSANT, 15

—

1869

Paris. — Imp. de G. TOWNE ET VOSSEN, 9, rue d'Aboukir.

A QUAND

LA GUERRE?

A QUAND

LA GUERRE?

———

I

Gagner du temps, gagner de l'argent, — deux mêmes choses au fond — *time is money*, — tel est le grand art des politiques modernes. Leur unique préoccupation est de triompher des difficultés, en les tournant, de parer les coups en rompant, de paraitre enfin guérir le mal, tandis qu'ils ne font que l'envenimer en le plâtrant.

Vivre au jour le jour d'expédients en expédients, en opposant un fait à un fait, sans plan, sans méthode, sans philosophie comme sans morale, voilà la politique de nos politiqueurs.

A cette heure, tous, tant que nous sommes, marchands, avocats, écrivains et soldats, nous voguons sur un navire désemparé, que le capitaine ne dirige plus qu'avec un gouvernail de fortune. Principes d'autorité, principes de liberté confondus et souillés, n'enseignent plus la route à suivre, le but à atteindre.

On a perdu la boussole !

Le marchand a peur du lendemain. Loin d'étendre ses affaires, il les restreint. La révolution le ruinerait; et pourtant cette révolution qu'il redoute, il la pressent, il la voit écrite en caractères menaçants sur son grand-livre. La Banque de France cache son or.

Consultez-le, ce marchand. Il vous avouera qu'il désire une catastrophe, mais immédiate plutôt aujourd'hui que demain, car ce qui l'énerve et l'arrête, c'est l'indécision, c'est le manque de confiance. A son avis, la révolution aurait ce bon côté d'appurer les comptes, de nettoyer la place; le faiseur démasqué serait chassé, l'honnête homme seul resterait debout et fort.

L'écrivain voit le danger, il le signalerait, mais sa plume trace sur le papier sa pensée obscurcie, car il sent intuitivement l'œil de la police lire par-dessus son épaule ce qu'il écrit.

Le soldat lui-même, comme le marchand et le philosophe, a soif d'en finir, et le diable s'en mêle aussi, puisque l'on ne réussit à ranimer sa confiance qu'en mettant dans ses mains un fusil merveille qui doit tuer dix de ses semblables à la minute. Il ne croit plus en ses chefs, plus même en lui, il croit en un instrument.

Le gouvernement sentait si bien cette démoralisation

qu'il jugea prudent au lendemain de Sadowa de ne pas s'engager dans la partie; la France l'eût suivi, mais en rechignant. « Nous n'étions pas prêts, » a dit le maréchal Niel à la tribune. Le général Dumouriez n'aurait jamais osé faire un pareil aveu à la Convention ; et pourtant nous n'avions point alors 800,000 hommes équipés tout battant neuf.

II

Atermoyer, c'est propager l'irrésolution et la crainte, le peuple se demande, inquiet et troublé, pourquoi ces armements, ces impôts excessifs, ces perpétuelles notes diplomatiques mensongères, si c'est pour nous battre contre des moulins à vent? Cette paix armée indéfinie mine sourdement le pays, et coûte en définitif quatre fois le prix d'une bonne guerre.

La situation présente du peuple français est identiquement celle d'un homme devant se battre en duel et dont les témoins chaque jour remettraient au lendemain la rencontre dans l'espérance chimérique d'une conciliation.

Existence horrible, nuits anxieuses que celles de cet homme préparé à cette lutte suprême, lui sacrifiant tout, famille, affaires, intérèt, pour reconquérir la tranquillité au péril de sa vie, et qui verrait se prolonger indéfiniment cette crise odieuse.

De quel nom ne flétrirait-on pas la conduite de pareils témoins ?

Si le combat est inévitable, nécessaire, on doit marcher sur l'heure.

A tort ou à raison, ou plutôt à raison, le peuple est convaincu que le gouvernement actuel veut un duel avec l'Europe, et ce qui l'irrite, c'est d'être ainsi promené par ses témoins depuis tantôt trois ans. On n'a pas tout marchandé pour bâcler, sans le consulter, l'expédition du Mexique ; et cependant il s'est battu ; il irait encore aujourd'hui se faire tuer si on l'exige. Sans comprendre l'injure, il marchera.

Mais par grâce messieurs les témoins, finissons-en. Cette position entre la vie ou la mort est intolérable.

Les journaux satisfaits ont beau nous affirmer que nous avançons vers une solution parce que nous bougeons, on n'en croit rien.

L'infortuné qui subit les mouvements d'une bascule, remue, mais n'en reste pas moins en place. C'est exactement le cas.

Et ma foi la bascule finit par donner des nausées à la France.

III.

Le roi de **Prusse**, lui, est plus franc ; il déclare nettement qu'il a l'intention de hâcher comme chair à pâté tout ce qui ferait obstacle à son ambition. Plus qu'une boucle de son éperon à serrer et le voilà en selle. Dans un instant je suis à vous, crie-t-il, de l'autre côté du Rhin. Son adversaire fait la sourde oreille, pourquoi, qu'attend-il ?

Il attend....... le moment favorable à ses intérêts personnels. Il attend...... l'époque printanière des élections.

Certes, nous nous efforçons de croire que le chef de l'Etat ne veut que le bien public, que son ardent désir serait d'accommoder la France au mieux de ses intérêts généraux. Et cependant, à travers toutes les mesures nouvelles, toutes les lois dues à son initiative, perce fatalement le bout de l'oreille dynastique.

Son cœur de père ne peut s'annihiler devant son cœur de citoyen. S'il veut, ou s'il fait le bien pour tous, il faut que ce bien serve la fortune de son héri-

Il dit aimer la patrie, mais il aime aussi son fils.

Supposons par impossible que son enfant soit d'un tempérament maladif, d'une intelligence vacillante, d'un caractère nul ; on a vu des bourgeois fort éclairés, des génies comme Victor Hugo donner le jour à des esprits inférieurs.

Supposons donc, —à Dieu ne plaise que cela soit, — que le fils de l'Empereur soit d'une incapacité notoire au gouvernement des hommes, qu'il ne soit en un mot bon qu'à faire, un despote soliveau ? Son père se déciderait-il à déclarer que lui, mort, personne dans sa famille n'étant capable de lui succéder ; il laisse au peuple le soin de se choisir un tuteur ?

Non, Napoléon III ne ferait pas cela.

Il lui est donc urgent d'avoir toujours sous la main et à toute occasion — nous sommes tous mortels, Napoléon III, comme nous — un Corps législatif discipliné à voter avec ensemble les choses agréables à la dynastie, car il est indubitable qu'une chambre composée d'opposants se refuserait à reconnaître le nouvel Empereur.

Que faire? En appeler à un nouveau plébiciste; mauvais moyen. Les électeurs qui auraient choisi une Chambre d'opposition continueraient à voter dans ce sens. Il est donc de la dernière importance, — on ne sait ni qui vit ni qui meurt, — que les électeurs envoient au mois de mai prochain, des députés complètement dévoués au régime impérial. Or personne, et l'Empereur moins que qui que ce soit, n'a pu rester indifférent au retour d'esprit qui s'est produit depuis Sadowa. M. de Bismark a désaffectionné les populations de l'empire pour son chef. L'Empereur en garde rancune à la Prusse.

Sous le coup d'une guerre où l'honneur national serait engagé, le moment serait mal choisi de se chamailler à l'intérieur, tandis qu'on s'entr'égorgerait à l'étranger.

La guerre donnerait donc au parti conservateur la certitude d'un succès ; l'Empereur assurerait ainsi à son fils pour sa majorité, une majorité.

IV.

C'est pourquoi nous le répétons, la guerre est indispensable, la guerre est certaine, la guerre sera.

Peuple Français, Jacques Bonhomme, tiens-toi prêt, la guerre tu l'auras, mais tu ne l'auras qu'au mois d'avril prochain ; à cette époque, tandis que tes fils iront se faire casser la tête en Allemagne, tu devras toi, faire ton devoir d'électeur, en nommant des députés qui seront chargés d'aller féliciter le Grand-Maître des victoires que tes enfants auront remportées.

Vainqueurs, refuseriez-vous vos suffrages à des hommes qui vous couvriraient de lauriers?

Vaincus, vous aurez le stupide héroïsme de voter pour ces mêmes hommes qui se présenteront à vous comme devant sauver le pays.

Plus d'incertitude, la Guerre en Avril.

En avril, les Rois mettront le feu aux quatre coins de l'Europe pour faire bouillir leur marmite.

Apprête-toi donc peuple français à vider ta bourse, à pleurer tes enfants et à élever sur le pavoi les sauveurs de la Patrie patentés par le gouvernement.

Paris, le

Paris. — Imp. de G. Town et Vossen, 9, rue d'Aboukir.